AF314332

BIBLIOTHÈQUE SPÉCIALE DE LA SOCIÉTÉ
DES
AUTEURS ET COMPOSITEURS DRAMATIQUES
Agent général : LOUIS LACOUR

VALENTIN-VALENTINE

COMÉDIE EN QUATRE ACTES

PAR

MAX DE BOURDON

PARIS

LIBRAIRIE DRAMATIQUE

10, RUE DE LA BOURSE, 10

1868

VALENTIN-VALENTINE

COMÉDIE EN QUATRE ACTES

PAR

MAX DE BOURDON

Représentée, pour la première fois, à Paris, le 24 février 1868.

PARIS

LIBRAIRIE DRAMATIQUE

10, RUE DE LA BOURSE, 10

—

1868

PERSONNAGES

LE COMTE DE CHOISY............... MM. Deck.
CALISTE TOURNEL............ ..... Vilers.
DESNOYERS, notaire du Comte........... Poissonneau.
COQUELIN, notaire de Diane........... Godard.
EDMOND, ami du Comte............. Launay.
HECTOR   id.   ....
SANNOIS   id.   ....
LANCRI   id.   ....
MARCEL, garde forestier............. Gray.
LAFEUILLE   id.   .... Piquet.
COMTOIS, domestique du Comte............ Bois.........
UN COMMISSAIRE.................. ...
VALENTINE...................... Mmes Desmonts.
DIANE......................... Éva Perly
LA MÈRE PERROT.................. Brycet.
FÉLICITÉ, demoiselle de magasin......
CÉLESTE,   id.
Une Domestique de Valentine.

Amis du Comte, Acquéreurs, Domestiques du Comte,
Villageois.

BIBLIOTHÈQUE SPÉCIALE

DE LA SOCIÉTÉ

DES AUTEURS ET COMPOSITEURS DRAMATIQUES

Agent général : LOUIS LACOUR.

2342. Paris. — Typographie Morris et Cie, rue Amelot, 46.

VALENTIN-VALENTINE

ACTE PREMIER

AU CHATEAU DE CHOISY

Salle à manger. Table de dix à douze convives ; tous habillés en costume de chasse, présidée par une femme en amazone ; tout cela très-élégant.

SCÈNE PREMIÈRE

LE COMTE, DIANE, EDMOND, TOURNEL, HECTOR, SANNOIS, LANCRI, UN GARDE.

(Au lever du rideau, on entend sonner le départ dans la cour.)

Allons, chasseurs, vite en campagne...

LE COMTE, *se levant.*

Messieurs, je demande la parole.

TOUS.

La parole est au vicomte de Nerlac.

DIANE.

Vicomte, vous avez la parole.

LE COMTE.

Depuis que vous avez reçu, il y a huit jours, l'invitation anonyme de vous trouver aujourd'hui, 1ᵉʳ septembre 1859, au château de Choisy, en costume de chasse, avec fusils et chiens, à neuf heures du matin pour y déjeuner, et, à la suite, pour y ouvrir la chasse...

EDMOND.

L'invitation dit même : « Une chasse superbe ! »

TOURNEL.

« Et un bon déjeuner, » disait-elle aussi.

LE COMTE.

Le déjeuner était-il bon ?

DIANE.

Pas mauvais...

EDMOND.

Splendide, tout bonnement.

LE COMTE.

Eh bien! la chasse sera digne du déjeuner.

TOURNEL.

Continuez...

LE COMTE.

Depuis donc que vous avez reçu cette invitation, depuis que vous êtes entrés au château, depuis enfin que vous vous êtes mis à table, vous êtes-vous demandé qui vous avait fait cette invitation?... qui vous avait donné ce bon déjeuner, qui ne disparaît que pour faire place à un dîner plus succulent encore?

DIANE.

Ma foi, non! Nous ne sommes pas venus ici pour deviner des charades. Je m'appelle Diane et non pas Œdipe.

TOURNEL.

Vous avez raison, belle déesse de la chasse, je déteste les sphinx, et, si j'en rencontre un, je tire dessus, poule ou coq, chevrette ou brocart.

EDMOND.

Un instant, messieurs, j'aime assez à savoir chez qui je mange.

HECTOR.

C'est comme moi, j'aime à savoir chez qui je me grise. Il y a tant de gens dans le verre desquels je ne voudrais pas boire.

SANNOIS.

Voyons, chez qui sommes-nous?... Le nom du propriétaire?

TOUS.

Oui, oui! le nom du propriétaire. Son nom! son nom!

LE COMTE.

Messieurs, celui qui vous a fait cette invitation, à laquelle vous avez bien voulu vous rendre, celui qui vous a offert dans ce château l'hospitalité que vous avez bien voulu y accepter, celui qui vous a donné ce bon déjeuner et qui vous donnera encore un meilleur dîner, celui qui vous invite à faire sur ses terres la plus belle chasse possible se nomme le comte de Choisy.

DIANE.

Où est-il le comte de Choisy?

TOUS.

Qu'il se montre! qu'il se nomme!

LE COMTE.

Messieurs, c'est moi!

DIANE.

Comment, c'est vous?...

TOUS.

Comment, c'est toi?...

LE COMTE, *s'asseyant.*

Eh! mon Dieu, oui, c'est moi!

DIANE, *lui jetant les bras au cou.*

Oh! quel amour d'homme, de nous faire des surprises comme celle-là!... Et moi qui le croyais ruiné!

LE COMTE.

Je le sais, et j'admirais votre désintéressement, attendant tous les jours que vous me proposassiez une séparation de corps sous prétexte d'incompatibilité d'humeur, quand, tout à coup, par un retour inattendu de la fortune...

LANCRI.

Ton troisième oncle est mort?

LE COMTE.

Dieu fasse paix à son âme! Je l'ai pleuré comme doit faire un bon neveu. J'ai porté le deuil trois mois, enfin ce n'est qu'au bout de ce temps que je vous ai réunis pour cette joyense journée... Je crois donc avoir dignement rempli tous mes devoirs de neveu reconnaissant et d'héritier respectueux.

DIANE.

Ah! sournois! qui ne m'as rien dit!

LE COMTE.

Bon! Vous auriez prétendu que vous étiez la nièce de mon oncle, et il vous aurait fallu une parure de perles noires. Pas si bête!

DIANE.

Est-il avare, messieurs! est-il avare! Je vous le demande?

TOURNEL.

Là où vous régnez l'avarice prend la fuite.

DIANE.

Ne m'égratignez pas, cher monsieur Tournel, ou je vous mords.

TOURNEL.

Tant que vos morsures n'entameront pas les mailles de ma bourse, elles seront peu dangereuses pour moi.

LANCRI.

Est-ce ton dernier oncle que nous écornons ?

LE COMTE.

Troisième et dernier, je vous en préviens. Après lui, le déluge... Le premier m'a laissé une ferme en Beauce... six mille livres de rente, capital trois cent mille francs... La ferme a été mangée en trois ans.

EDMOND.

Cent mille francs par an... Pas mal pour commencer.

DIANE.

Je n'avais pas l'honneur de connaître monsieur, dans ce temps-là !

LE COMTE.

Non, mais vous m'avez connu depuis... Du temps de mon second oncle... une ferme et un petit château dans le Soissonnais ; dix mille livres de rente, cinq cent mille francs de capital.

SANNOIS.

Qui ont duré ?...

LE COMTE.

Trois ans.

LANCRI.

Celui-là a été plus vite que l'autre.

LE COMTE.

Madame m'a aidé... Quant au troisième, écoutez, messieurs. (*Debout et tête découverte.*) Château princier ; mille arpents de terre labourable, prairies, garennes, lièvres, perdrix, faisans, chevreuils ; vingt cinq mille livres de rente, un million de capital et le droit de porter le titre de comte et le nom de Choisy, qui est le nom des chefs de notre famille.

TOURNEL.

Cette fois-ci ce sera plus dur.

DIANE.

Nous y arriverons tout de même.

TOURNEL.

L'appétit, dit-on, vient en mangeant.

DIANE.

Avez-vous lu Buffon, cher monsieur Tournel?

TOURNEL.

Je ne lis que les économistes.

DIANE.

Vous y auriez lu qu'il classe les animaux par catégorie, parmi lesquels sont les ruminants.

TOURNEL.

Avez-vous lu Balzac, chère madame?

DIANE.

Qui n'a pas lu Balzac?

TOURNEL.

Vous avez dû y voir que lui aussi classe, non pas les animaux, mais les femmes, par catégorie, — parmi lesquelles sont les ruinantes.

DIANE.

Vous a-t-on ruiné quelquefois, monsieur Tournel?

TOURNEL.

Ruiner Caliste Tournel!... ce serait difficile... impossible!...

DIANE, *haussant les épaules.*

Bah!...

LE COMTE.

Buvons, messieurs, à la mémoire de mon troisième oncle, qui était un digne et généreux vivant. (*Ils boivent tous.*)

LANCRI.

Et quand tu auras mangé celui-là, que feras-tu?

LE COMTE.

Je me brûlerai la cervelle.

DIANE.

Ou il m'épousera.

LE COMTE, *riant.*

Passez-moi mon fusil. (*On entend un coup de fusil.*)

DIANE.

Un coup de fusil!

LE COMTE.

Je voudrais bien savoir qui se permet d'ouvrir ici la chasse avant moi... (*Allant à la fenêtre.*) Qui a tiré?

UN GARDE, *au dehors.*

On ne sait pas, monsieur le comte; Lafeuille et Marcel sont allés au coup... et, tenez, les voilà qui ramènent ce mauvais petit drôle de Valentin.

LE COMTE.

Qu'est-ce que c'est que Valentin ?

LE GARDE.

Le fils à la mère Perrot, un braconnier enragé !

LE COMTE.

Amenez-le ici.

TOURNEL.

Bon ! nous allons le passer par les armes.

DIANE.

Ah ! s'il est joli garçon, je demande sa grâce !

SCÈNE II

LES MÊMES, VALENTIN, *tenu au collet par le garde* MARCEL, *tandis que* LAFEUILLE *porte le fusil et le faisan.*

MARCEL.

Tenez, monsieur le comte, voilà le délinquant.

LAFEUILLE.

A-t-il un front ! Venir tuer les faisans de monsieur le comte, un jour d'ouverture, et dans le parc réservé !...

LE COMTE.

Voyons, petit drôle, avance ici. (*Marcel le pousse vers le Comte.*) Comment t'appelles-tu? (*Valentin garde le silence.*) Es-tu sourd?

MARCEL.

Oh ! que non ! il n'est pas sourd. Quand il nous entend venir, il détale joliment, allez! — Ah! il n'en est pas à son coup d'essai !

LE COMTE.

Je t'ai déjà demandé comment tu t'appelais; réponds. Es-tu muet?

LAFEUILLE.

Oh! que non ! il n'est pas muet; quand il fait semblant de ramasser du bois, il chante comme une fauvette.

MARCEL.

Il ne veut pas parler, il en aurait trop à dire.

LE COMTE.

Décidément, veux-tu me répondre, ou non?

LAFEUILLE.

Faut-il le mettre aux mains des gendarmes?

LE COMTE.

Non. Seulement, donnez-lui le fouet; une bonne sanglée, de façon à ce qu'il s'en souvienne.

MARCEL.

Allons, viens, et... ne fais pas le méchant, ou bien...

VALENTIN.

Je veux parler à monsieur le comte.

MARCEL.

Parle, il y a une heure qu'il te dit de parler.

VALENTIN, *se rapprochant du Comte, se haussant sur ses pieds, et à l'oreille, tout bas.*

A vous seul, monsieur le comte! J'ai un grand secret à vous dire.

DIANE.

Que vous a-t-il dit, comte?

LE COMTE.

Qu'il veut parler à moi seul.

DIANE.

Alors, nous allons attendre, nous, que monsieur ait fini.

LE COMTE.

Non; mettez-vous en chasse, mes amis. Les gardes vous conduiront. Dès que cet enfant m'aura dit ce qu'il aura à me dire, je vous rejoins.

TOURNEL, *offrant son bras à Diane.*

Permettez-moi, belle dame, d'être, pendant la chasse, votre Endymion?

DIANE.

Êtes-vous devenu galant! — Prenez garde; avec moi c'est dangereux!

TOURNEL.

Je suis brave!

DIANE.

Si j'allais découvrir le *Sézame ouvre-toi* de votre coffre-fort!...

1.

TOURNEL.

Vous?...

DIANE, *riant.*

Rassurez-vous, Tournel; vos trésors seraient, pour moi, trop durs à mâcher et trop lourds à digérer. (*Elle sort en riant, en prenant le bras de Lancri.*)

TOURNEL.

Rira bien qui rira le dernier. (*Ils sortent tous.*)

SCÈNE III

LE COMTE, VALENTIN.

LE COMTE.

Voyons, avance, petit gamin, et dépêche-toi...

VALENTIN.

Me voici, monsieur le comte.

LE COMTE.

Que vas-tu dire pour t'excuser?... car enfin, tu sais que ce que tu viens de faire est défendu?...

VALENTIN.

Oui. Mais je sais aussi que monsieur le comte est très-bon, et j'espère qu'il ne trouverait pas mauvais qu'en qualité de fils de garde de son oncle, je tuasse de temps en temps un lapin, un lièvre ou un faisan, pour aider à faire vivre, en les vendant, ma grand'mère qui est très-pauvre.

LE COMTE.

Alors, c'est pour le vendre que tu tues mon gibier; si c'était pour le manger au moins...

VALENTIN.

De pauvres gens comme nous, monsieur le comte, ne mangent pas de viande si délicate, ou plutôt n'en mangent pas du tout. Quand on m'a donné trois francs d'un lièvre ou quatre francs d'un faisan, je porte l'argent à ma grand'-mère, et nous avons du pain pour huit jours.

LE COMTE.

Et pendant ces huit jours, tu ne chasses pas?

VALENTINE.

Non, monsieur le comte, puisque nous avons du pain.

LE COMTE.

Y a-t-il longtemps que tu as perdu ton père?

VALENTINE.

Il y a quatre ans, monsieur le comte.

LE COMTE.

Pauvre enfant!

VALENTINE.

Ce fut une grande désolation à la maison, vous comprenez. Le père, c'était tout pour nous. C'était notre appui, notre secours, notre providence. Avec 500 francs d'appointements qu'il avait, on ne met pas grand'chose de côté. Nous trouvâmes une dizaine de louis dans la sébile de l'armoire, cela nous conduisit jusqu'au retour de votre oncle. Il fit 150 francs de pension à la grand'mère. C'était beaucoup, il ne lui devait rien; il me permit, en outre, deux fois la semaine, d'aller faire du bois à la forêt, et d'aller y ramasser de la faîne à la saison. Mais la pauvre grand'mère ne pouvait atteindre son bout d'année avec 150 francs, mes fagots et ma faîne, vous comprenez bien. Le fusil de mon père était là, dans un coin, qui me tentait. Le père avait fait de moi un assez bon tireur. Un jour, je le pris, et, au bout d'une heure, je rapportais un lièvre et un faisan à la maison. La grand'mère me gronda, mais quand elle vit que l'aubergiste du village me donnait sept francs des deux pièces, ce fut elle qui, le jour où le pain manqua à la maison, me montra le fusil à son tour! Voilà toute l'histoire, monsieur le comte. Ce n'est ni la grand'mère ni moi qui fûmes coupables, ce fut la mauvaise conseillère du pauvre, ce fut la misère!

LE COMTE, *se levant.*

Il a raison, cet enfant!

VALENTINE.

Vous qui avez l'air aussi bon que votre oncle, savez-vous, monsieur le comte, ce que vous devriez faire?

LE COMTE.

Que devrais-je faire pour toi?

VALENTINE.

Vous devriez me nommer garde-adjoint à 150 francs... Avec les 150 francs de la grand'mère, cela ferait 300. Ajoutez à cela le droit de tuer deux lapins par semaine pour faire la soupe, et nous serions heureux comme des rois!

LE COMTE.

Je veux faire mieux que cela, mon enfant. Voyons, que
sais-tu?

VALENTINE.

Pas grand'chose.

LE COMTE.

Sais-tu lire?

VALENTINE.

Oh! oui.

LE COMTE.

Écrire?

VALENTINE.

Oh! oui.

LE COMTE.

Compter?

VALENTINE.

Mon père m'a appris tout cela.

LE COMTE.

Et quoi encore?

VALENTINE, *riant*.

Vous l'avez vu : Tuer les faisans.

LE COMTE.

Quelle serait ton ambition?

VALENTINE.

Je ne sais pas même ce que veut dire ce mot-là...

LE COMTE.

A quoi es-tu bon?

VALENTINE.

Hélas! pas à grand'chose. La vie que j'ai menée a fait de
moi une espèce de sauvage. Je sais le moment de la journée
où les oiseaux vont boire aux mares des bois; je sais tendre
les gluaux et les collets à l'aide desquels on les prend.
Je sais dire l'heure qu'il est, le jour, en regardant le soleil,
et l'heure qu'il est, la nuit, en regardant les étoiles. Je sais
distinguer les bons fruits, comme la merise, des mauvais,
comme la belladone. Je sais prédire, le soir, aux murmures
des feuilles, si le temps sera beau ou orageux le lendemain.
Je sais reconnaître, à la fraîcheur de l'herbe, le passage
des sources sous la terre. Je sais le nom de toutes les pe-
tites fleurs des bois, depuis le myosotis jusqu'au muguet,
depuis la pâquerette jusqu'à la folle-avoine. Je sais enfin
que c'est Dieu qui les a faites pour l'ornement de la terre,
comme les étoiles pour l'ornement du ciel.

LE COMTE.

Où diable la poésie va-t-elle se nicher? Hélas! mon enfant, mieux vaudrait pour toi savoir faire de la menuiserie
ou de l'horticulture, que toutes les charmantes choses que
tu viens de me dire là!...

VALENTINE.

Je vous ai dit tout ce que je savais, monsieur le comte.

SCÈNE IV

Les mêmes, LA MÈRE PERROT, *dans l'antichambre.*

LA MÈRE PERROT.

Laissez-moi entrer, je veux parler à monsieur le comte.
Il ne refusera pas à une vieille grand'mère la grâce de son
enfant.

LE COMTE.

Qu'est-ce que cela?

VALENTINE.

C'est ma vieille mère qui demande à entrer, faut-il?...

LE COMTE.

Mais oui!...

VALENTINE.

Vous voulez bien?...

LE COMTE.

Sans doute.

VALENTINE, *ouvrant.*

Viens, grand'maman, viens, monsieur le comte le permet.

SCÈNE V

Les Mêmes, LA MÈRE PERROT, *entrant. Valentine saute
au cou de sa grand'mère.*

LA MÈRE PERROT.

Tu t'es donc laissé prendre? ma pauvre Valentine!

LE COMTE, *surpris.*

Valentine!... Vous êtes...?

VALENTINE.

Une femme, monsieur le comte.

LE COMTE.

Vous auriez dû, mon enfant, me dire cela de suite.

VALENTINE.

Je n'ai pas osé.

LA MÈRE PERROT.

Vous seul, dans le village, monsieur le comte, connaissez ce secret.

LE COMTE.

A quel propos ce déguisement ?

LA MÈRE PERROT.

Mon fils était un soldat qui avait servi dans le régiment dont votre oncle était le colonel. Quand il eut fait son temps et que votre oncle eut pris sa retraite, il lui demanda une place de garde, l'obtint et se maria. Son espoir, en voyant sa femme enceinte, fut qu'elle le rendrait père d'un garçon, car, si elle mettait au monde un fils, la place de l'enfant était toute faite... Mais, pardon, j'ennuie peut-être monsieur le comte ?

LE COMTE.

Non, au contraire, vous m'intéressez infiniment.

LA MÈRE PERROT.

Eh bien ! tout alla à l'envers des vœux de mon pauvre fils. D'abord, sa femme mourut en donnant le jour à une fille. Alors il résolut d'habiller son enfant en garçon. Il espérait que, grâce à l'habitude qu'elle aurait de porter l'habit d'homme, tout le monde s'y tromperait, et que, quand elle aurait quatorze ou quinze ans, personne ne sachant qu'elle était une fille, on la nommerait garde-adjoint tout de même. Ce plan échoua comme l'autre. Mon fils mourut lorsque sa fille n'avait encore que douze ans. Il eût bien confié la chose à votre oncle, votre oncle était si bon... Mais il avait repris du service en Crimée, et il était à six cents lieues de nous lorsque mon fils ferma les yeux. Maintenant que vous savez tout, monsieur le comte, pardonnez-vous à mon enfant ?

LE COMTE.

Non-seulement je lui pardonne, mais je lui donne droit de chasser une fois par semaine sur mes terres.

VALENTINE.

Oh ! monsieur le comte, que je vous suis reconnaissante !

LA MÈRE PERROT.

Monsieur le comte, j'ai vu une belle dame venir au château ce matin... J'avais apporté ce bouquet, comptant le lui donner. C'est bien peu de chose un bouquet, mais si, cependant, monsieur le comte veut le lui offrir ?...

LE COMTE.

Oh! les admirables fleurs!... Mais ce ne sont pas des fleurs naturelles?...

LA MÈRE PERROT.

Non-seulement ce ne sont point des fleurs naturelles, mais ce sont des fleurs qui n'existent pas.

LE COMTE.

En effet!

VALENTINE.

Ce sont des fleurs de mon invention.

LE COMTE.

Faites par vous?

VALENTINE.

Sans doute.

LE COMTE.

Mais avec quoi?

VALENTINE.

Avec des ailes de papillons, de scarabées, avec des plumes de faisans, de rouges-gorges et de compères-loriots. Les papillons et les oiseaux, ce sont des fleurs volantes.

LE COMTE.

Mais, vous ne m'aviez pas dit que vous saviez faire des fleurs.

VALENTINE.

Je n'en ai jamais fait que pour l'autel de la Vierge.

LE COMTE.

Ma chère enfant, votre fortune est faite!

VALENTINE.

Bon Dieu! monsieur le comte, que me dites-vous là!

LA MÈRE PERROT.

Monsieur le comte, ne vous moquez pas de deux pauvres femmes.

LE COMTE.

La première femme qui aura, à la cour, l'idée de porter une garniture de robe de ces fleurs-là aura un fier succès.

VALENTINE,

Vous croyez, monsieur le comte?

LE COMTE.

Je vous ai dit, mon enfant, que votre fortune était faite. (*Il tire un portefeuille de sa poche, l'ouvre, et écrit sur un feuillet.*)

VALENTINE.

Que faites-vous, monsieur le comte ?

LE COMTE.

Tenez, mère Perrot, voici un bon de dix mille francs que vous porterez vous-même chez maître Desnoyer, mon notaire. J'ai écrit son adresse au bas du bon. Cet argent servira à vos premiers frais d'installation.

LA MÈRE PERROT.

Comment, dix mille francs !...

LE COMTE.

J'hérite de vingt-cinq mille livres de rentes. Je veux commencer l'emploi de ma nouvelle fortune par une bonne action. Cela me portera bonheur !

VALENTINE.

Mais nous n'acceptons pas, monsieur le comte, reprenez cet argent, la somme est trop forte.

LE COMTE.

C'est un prêt que je vous fais. Vous me les rendrez sur vos premiers vingt mille francs de bénéfice... Adieu. (*Coups de feu. Prenant son fusil et sa casquette.*) Entendez-vous mes amis qui dévastent le terroir? il est temps que je les rejoigne... A Paris, rue Taitbout, 15. (*Il sort.*)

SCÈNE VI

VALENTINE, LA MÈRE PERROT.

VALENTINE.

Monsieur le comte !... monsieur le comte !... Eh bien ! il ne nous donne pas même le temps de le remercier. Ah ! grand'maman, quelle joie d'être riche ! Enfin tu vas donc pouvoir te reposer ! Songe donc, tu n'auras plus froid et nous aurons toujours du pain; tes pauvres yeux ne pleureront plus en songeant au triste sort réservé à ta petite Valentine.

LA MÈRE PERROT.

Mais à qui devons-nous un pareil bonheur?...

VALENTINE.

A Dieu, ma mère, qui a créé la charité !

FIN DU PREMIER ACTE.

ACTE DEUXIÈME

Appartement du comte de Choisy, à Paris.

—

SCÈNE PREMIÈRE

LE COMTE, *en robe de chambre, sort de son cabinet.*
Il sonne, un VALET entre.

LE COMTE.

Comtois, a-t-on été chez monsieur Tournel

LE VALET.

Oui, monsieur le comte.

LE COMTE.

A-t-il vendu les valeurs dont je lui ai dit de se défaire

LE VALET.

Je ne sais, mais il a dit qu'il apporterait dans la journée
de l'argent à monsieur le comte.

LE COMTE.

C'est tout ce qu'il faut. Madame a-t-elle sonné?

LE VALET.

Il y a plus d'une heure qu'elle a fait mettre les chevaux
à la voiture et qu'elle est sortie.

LE COMTE.

Bien allez !

SCÈNE II

LE COMTE, *seul.*

Quelque nouveau caprice qui lui aura passé par l'esprit.
Il est temps que je me mette au travers de la débâcle, ou
elle sera complète. Cent vingt mille francs en deux ans de
voyage en Allemagne et en Italie, cela me semble plus que
raisonnable, et quand je pense que nous étions partis sous
le prétexte de faire des économies... Règle générale, toutes
les fois qu'un homme entend sa femme ou sa maîtresse
parler d'économie, il doit mettre la clef de sa caisse dans sa
poche. (*Se levant et allant vers la fenêtre.*) Tenez, la voilà
qui rentre en calèche à deux chevaux. Comme c'est de bon
goût, à onze heures du matin, quand elle a son petit coupé
à un cheval !

SCÈNE III

LE COMTE, DIANE.

DIANE.

Ah ! mon cher Maurice, j'espère que vous allez écrire et de bonne encre à monsieur Jeannisset.

LE COMTE.

A quel propos ?

DIANE.

Mais c'est une insulte qu'il vous fait !

LE COMTE.

Jeannisset, à qui j'ai acheté pour deux cent mille francs de bijoux dans ma vie, avoir l'idée de m'insulter ! cela m'étonnerait bien. Et en quoi m'a-t-il insulté ? Voyons, ma chère Diane.

DIANE.

Comment ! je choisis une parure toute simple chez lui, une parure de dix mille francs, et il refuse de me la laisser emporter sans un mot de vous. On n'est pas plus grossier.

LE COMTE.

Je ne trouve pas du tout que cela soit une insulte.

DIANE.

Ne sait-il pas que je suis votre femme ?

LE COMTE.

Ma femme !

DIANE.

Ou à peu près.

LE COMTE, *riant.*

C'est cet à peu près qui le gêne.

DIANE.

Vous riez au lieu de prendre mon parti contre vos fournisseurs.

LE COMTE.

Prendre votre parti contre mes fournisseurs. C'est pardieu bien assez de me laisser ruiner par vous, ce me semble.

DIANE.

Bon ! voilà que je vous ruine à présent.

LE COMTE.

Dame ! vous êtes en train.

DIANE.

Ils ont tous ce reproche à la bouche : vous me ruinez !

LE COMTE.

C'est qu'en effet vous nous ruinez tous. Tenez, c'est clair
comme le jour, ce que je vais vous dire. J'ai trente mille
livres de rente.

DIANE.

Pourquoi n'avez-vous que trente mille livres de rente?
C'est absurde! Ayez-en soixante mille comme monsieur de
Tournel.

LE COMTE.

Au même prix?

DIANE.

Je ne sais à quel prix monsieur de Tournel a ses soixante
mille livres de rente, mais il les a...

LE COMTE.

Vous êtes pour la politique des faits accomplis, ma chère
Diane, c'est une opinion; mais j'aurais soixante mille livres
de rente au lieu de trente, que vous me ruineriez tout de
même. Ce serait une affaire de temps.

DIANE.

En vérité, mon cher, vous parlez comme un boursier.

LE COMTE.

Les boursiers parlent mal, mais ils comptent bien. Voici
les comptes du mien, il me les a envoyés hier. Voulez-vous
jeter un coup d'œil dessus? « En deux ans, mon cher comte,
» vous avez dépensé 260,000 francs, c'est 200,000 francs
» dont votre capital est entraîné. 200,000 francs à six font
» 12,000 d'intérêts, donc vous n'avez plus que 18,000 francs
» de rente. Réglez-vous là-dessus! Je vais m'occuper de
» vendre pour 30,000 francs de valeurs, comme vous le dé-
» sirez, mais ces valeurs représentent 3,000 francs de rente,
» ce n'est plus que 15,000 francs de revenus que vous avez. »

DIANE.

Est-ce tout?

LE COMTE.

Non; il ajoute un bon conseil.

DIANE.

Lequel?

LE COMTE.

« Il est vrai que si vous rompez avec mademoiselle Diane

» de ***, excusez, je n'ai jamais su le nom de famille de
» votre maîtresse... »

LE COMTE, *reprenant.*

« Il est vrai que si vous rompez avec mademoiselle Diane
» de *** (je passe par-dessus la phrase qui vous blesse), vous
» pouvez encore, avec vos trente ans et votre titre, trouver
» une fille de notaire ou d'agent de change qui veuille être
» appelée comtesse, et qui vous apporte quinze cent mille
» francs ou deux millions ; mais hâtez-vous, il faut, pour
» entamer ces sortes d'affaires, avoir encore à faire valoir
» quelques bribes de patrimoine. Dans deux ans il sera trop
» tard. Le château et la terre de Choisy seront vendus, et
» l'on saura que vous êtes orphelin de votre dernier oncle.
» Alors il vous restera pour toute ressource de solliciter une
» place de sous-chef dans un bureau ou un troisième secré-
» tariat d'ambassade. »

DIANE.

Eh bien! suivez le conseil qu'il vous donne, si vous le
trouvez bon.

LE COMTE.

Je vous avoue, ma chère Diane, que j'y réfléchirai.

DIANE.

Pendant que vous serez en train de réfléchir, réfléchissez
à ma demande. Vous savez ce charmant petit duc Sathol,
qu'on n'appelait à Bade que le bel Écossais, qui gagnait et
qui perdait des sommes sans sourciller, tandis que vous
rechignez pour quelques misérables louis.

LE COMTE.

Je crois bien, il a trois millions de rente.

DIANE.

Vous lui faisiez l'honneur d'être jaloux de lui.

LE COMTE.

Parbleu! il vous a écrit deux ou trois billets que vous avez
laissés traîner exprès pour que je les trouvasse.

DIANE.

Eh bien, il m'en a écrit ce matin un quatrième.

LE COMTE.

Ah !

DIANE.

Et il m'offre un crédit.

LE COMTE.

Chez Jannisset?

DIANE.

Non, chez Rothschild.

LE COMTE.

Cela vaut encore mieux.

DIANE.

Donc vous me donnez le conseil?...

LE COMTE.

D'accepter.

DIANE.

Sérieusement?

LE COMTE.

On ne peut plus sérieusement.

SCÈNE IV

LES MÊMES, LE VALET.

LE COMTE, *au Valet qui entre.*

Que voulez-vous donc?

LE VALET.

C'est monsieur de Tournel; il est pressé, et pour que vous ne le fassiez pas attendre, il m'a dit de prévenir monsieur le comte qu'il apportait les trente mille francs.

LE COMTE.

Ces diables de boursiers, comme ils connaissent le cœur humain ! Faites entrer. (*Le Valet sort.*)

DIANE, *à part.*

Il faut que le duc me voie ce soir à l'Opéra avec une nouvelle parure, ou il croira que le comte ne m'aime plus. (*Câlinant le Comte.*) Ce n'est pas sérieux, n'est-ce pas, ce que vous m'avez dit, cher Maurice?

LE COMTE.

Très-sérieux, et j'attendrai votre réponse.

DIANE, *s'appuyant sur l'épaule du Comte.*

Eh bien! je ne vous la ferai pas attendre. Si vous pouvez vous passer de moi, je ne puis, moi, me passer de vous. Au revoir, cher comte. (*Arrivée à la porte, elle lui envoie un baiser. Diane sort.*)

LE COMTE.

Sirène !

SCÈNE V

LE COMTE, TOURNEL.

LE VALET, *annonçant.*

Monsieur Calixte de Tournel.

TOURNEL.

Tournel tout court, maraud. Je suis seigneur de 600,000 écus, comme ce banquier de Henri IV qui avait été le cordonnier de Henri III, voilà tout. (*Il pose son chapeau sur un siége.*) Bonjour, comte.

LE COMTE.

Vous avez donc bien peur qu'on ne vous prenne pour un gentilhomme, Tournel?

TOURNEL.

Horriblement peur.

LE COMTE.

Rassurez-vous, cher ami, il n'y a que les gens qui ne s'y connaîtront point qui pourront s'y tromper.

TOURNEL.

Avez-vous reçu ma lettre?

LE COMTE.

Oui.

TOURNEL.

L'avez-vous méditée?

LE COMTE.

Oui.

TOURNEL.

Qu'en dites-vous?

LE COMTE.

Il y a à boire et à manger.

TOURNEL.

Ah! moi, voyez-vous, cher Comte, je suis franc comme l'osier; si vous ne rompez pas *hic et nunc* avec votre drôlesse, vous êtes ruiné.

LE COMTE.

Mais, mon cher, on ne rompt pas comme cela avec une femme.

TOURNEL.

Pourquoi donc? Vous savez bien, Stella.

LE COMTE.

Quelle Stella?

TOURNEL.

Cette danseuse de la Porte-Saint-Martin, une belle créature qui fait les fontaines dans les féeries. Je me suis aperçu de quelque chose d'irrégulier dans sa conduite. A la porte... Stella.

LE COMTE.

Comment! comme cela tout droit, sans même lui donner ses huit jours ?

TOURNEL.

Sans même lui donner ses huit jours. Imitez-moi !

LE COMTE.

Un gentilhomme ne peut pas faire de ces choses-là !

TOURNEL.

Pourquoi ?

LE COMTE.

Mais parce qu'il me semble convenable d'assurer au moins pour quelque temps l'existence d'une femme avec laquelle on a vécu des années.

TOURNEL.

L'existence de Diane ! Oh ! son existence est assurée, mon cher, elle est à cette heure plus riche que vous.

LE COMTE.

Vous savez, en matière de délicatesse chacun a ses idées.

TOURNEL.

Soit. Eh bien ! voulez-vous que j'entre dans vos idées ?

LE COMTE.

Faites; mais l'habit vous sera trop large, je vous en préviens.

TOURNEL.

Je vous apporte trente mille francs.

LE COMTE.

Me les apportez-vous ?

TOURNEL.

Les voilà. (*Il lui montre une liasse de billets de banque.*) Eh bien ! donnez-en la moitié à Diane, et jamais de votre vie vous n'aurez fait meilleure affaire, croyez-moi.

LE COMTE.

Les donneriez-vous, Tournel?

TOURNEL.

Moi, non ! Je donne quelquefois de l'argent aux femmes que je prends, mais jamais à celles que je quitte. Tenez, par exemple, dans ce moment-ci, tel que vous me voyez, entraîné par la passion...

LE COMTE.

Entraîné par la passion, vous ?

TOURNEL.

Oui, moi ! Je suis prêt à faire une folie. J'offre six cent francs par mois et un coupé à une femme, sans compter que j'irai jusqu'à mille.

LE COMTE.

Et elle vous résiste ?

TOURNEL.

Elle me résiste.

LE COMTE.

Mais c'est donc la reine de Saba ?

TOURNEL.

Ah ! bien, oui, la reine de Saba ! c'est une fleuriste.

LE COMTE.

Une fleuriste ! Et il y a une fleuriste qui refuse de pareils avantages.

TOURNEL.

Sans compter que du moment où on la voit avec moi, elle est à la mode.

LE COMTE, *à part.*

Oui, au passage Jouffroy.

TOURNEL.

Ça veut se faire épouser, vous comprenez ?...

LE COMTE.

Et vous ne voulez pas épouser, vous ?

TOURNEL, *regardant autour de lui.*

Je suis marié.

LE COMTE.

Marié, mais que faites-vous donc de madame Tournel, on ne la voit jamais ?

TOURNEL.

Elle aime la solitude, les joies de l'intérieur, une vraie Romaine.

LE COMTE, *à part.*

Quelque fille de portière.

TOURNEL.

Lumen fecit, Domum mansit... Mais il ne s'agit pas de ma femme, il s'agit de la vôtre. Puis-je annoncer votre prochaine rupture dans le monde ?

LE COMTE.

Dans quel monde ?

TOURNEL.

Dans le nôtre, donc !

LE COMTE.

Vous croyez qu'une fille d'agent de change, de banquier
ou de notaire, consentirait à être comtesse ?

TOURNEL.

Si elle consentirait ! je crois bien.

LE COMTE.

Mais vous, vous refusez bien d'être gentilhomme.

TOURNEL.

Moi, c'est autre chose ; d'ailleurs, on ne me l'offre pas.
Voilà vos trente mille francs.

LE COMTE.

Merci ; vous avez vendu à perte.

TOURNEL.

Quinze cents francs, une niaiserie.

LE COMTE.

Vous appelez quinze cents francs une niaiserie ?

TOURNEL.

Pour vous, millionnaire.

LE COMTE.

Beau millionnaire, à moitié ruiné.

TOURNEL.

Mettez aux deux tiers et n'en parlons plus. Où diable ai-
je mis mon chapeau neuf de chez Pinaud et Amour ? Ha !
le voilà. Adieu, comte.

LE COMTE.

Adieu, Tournel. Dites donc ?

TOURNEL, *à la porte.*

Quoi ?

LE COMTE.

Dans vos moments perdus, songez à mon mariage.

TOURNEL.

Rompez avec Diane. C'est la condition *sine qua non.*

LE COMTE, *appelant.*

Tournel !

TOURNEL, *revenant.*

Eh bien !

LE COMTE.

Voilà la troisième fois que vous me parlez latin, Tournel ;
vous le savez donc ?

TOURNEL.

Si je le savais, je ne le parlerais pas.

LE COMTE.

Alors pourquoi le parlez-vous ?

TOURNEL.

Pour faire croire que je le sais. (*Il sort.*)

SCÈNE VI

LE COMTE, *seul.*

Drôle de corps! Au reste, c'est l'époque. Tournel, seigneur de six cent mille écus. Le pire de l'affaire, le côté immoral de la question, c'est qu'il les a comme il le dit. (*Il sonne.*) Si l'on me demande, faites attendre ici. J'achève de m'habiller. (*Il sort.*)

SCÈNE VII

LE VALET, *puis,* VALENTINE *et* UNE SUIVANTE.

LE VALET, *seul, s'arrêtant devant la pendule.*

Tiens, et moi qui ai oublié de remonter la pendule. (*Tirant sa montre.*) Midi. (*Il remonte la pendule, la fait sonner deux fois, onze heures, midi. Pendant qu'il tourne les aiguilles et fait sonner la sonnerie, Valentine entre, accompagnée d'une jeune personne portant un carton.*)

VALENTINE.

Pardon, monsieur,

LE VALET.

Neuf, dix, onze!

VALENTINE.

S'il vous plaît!

LE VALET, *faisant sonner la demie.*

Onze heures et demie.

VALENTINE.

C'est bien ; lorsque vous aurez fini...

LE VALET.

Neuf, dix, onze, douze, midi. Qu'y a-t-il pour votre service, mademoiselle?

VALENTINE.

Je désirerais parler à monsieur le comte de Choisy; est-il chez lui?

LE VALET.

Oui, mademoiselle; de quelle part voulez-vous lui parler?

VALENTINE.

Mais de la mienne. (*A la jeune fille.*) Allez m'attendre dans la voiture, Rosa.

LE VALET.

Votre nom?

VALENTINE.

Inutile; vous lui direz seulement qu'une jeune dame, à laquelle il a rendu un grand service, désire lui parler...

LE VALET.

J'y vais, mademoiselle. (*Il sort.*)

SCÈNE VIII

VALENTINE, puis LE VALET.

VALENTINE, seule.

Me voilà donc chez lui! Comme tout est élégant et de bon goût! Ce portrait est sans doute celui de sa femme. Elle est blonde; la couronne lui ira bien. Marié! Je n'en étais pas sûre. Je n'ai jamais osé demander; j'espérais... Enfin...

LE VALET, sortant de la chambre du Comte.

Voici monsieur le comte, mademoiselle. (*Il sort.*)

VALENTINE.

Merci. Il va venir. Oh! comme je tremble! Se souviendra-t-il de moi seulement? C'est le bruit de ses pas. O mon pauvre cœur! j'espérais que tu n'avais pas tant de mémoire!

SCÈNE IX

VALENTINE, LE COMTE.

LE COMTE.

Excusez-moi de vous avoir fait attendre, mademoiselle.

VALENTINE.

Oh! un instant.

LE COMTE.

Ne fût-ce qu'un instant, c'est encore trop; mais me voilà.

Asseyez-vous et dites-moi à quelle heureuse circonstance je dois le plaisir de vous voir.

VALENTINE.

Vous ne me reconnaissez pas?

LE COMTE.

Je suis sûr de ne vous avoir jamais vue.

VALENTINE.

Pourquoi cela?

LE COMTE.

Parce que je ne vous eusse point oubliée.

VALENTINE.

Regardez-moi bien!

LE COMTE.

Je ne puis que vous être reconnaissant d'un pareil ordre; mais, je vous le répète, je ne crois pas vous avoir jamais vue.

VALENTINE.

Vous rappelez-vous ce petit braconnier que vos gardes arrêtèrent, il y a deux ans, au château de Choisy, et qu'ils amenèrent devant vous avec le faisan qu'il avait tué? Eh bien! ce petit braconnier, c'est moi.

LE COMTE.

Vous êtes une fée, sa marraine peut-être.

VALENTINE.

Ne vous rappelez-vous pas que c'était une jeune fille.

LE COMTE.

Impossible!

VALENTINE.

C'est pourtant ainsi.

LE COMTE.

Oh! mais par quelle merveilleuse transformation!...

VALENTINE.

Ce n'est pas moi qui suis la fée, monsieur le comte, c'est vous qui êtes l'enchanteur; au lieu de faire punir ce petit braconnier comme il le méritait, ayant reconnu qu'il possédait une certaine aptitude à faire des fleurs, vous lui donnâtes dix mille francs pour fonder un commerce. Le braconnier avait échoué, mais la fleuriste a réussi, et elle est heureuse aujourd'hui de vous apporter, avec les dix mille francs que vous lui avez prêtés, un échantillon de son talent. (*Elle ouvre le carton et lui présente une couronne de fleurs des champs du meilleur goût.)* Voici une couronne que j'ai faite de mes propres mains pour madame la comtesse; plus les dix mille francs.

LE COMTE.

Mais je ne suis pas marié, mon enfant!

VALENTINE.

Comment! vous n'êtes point marié? O mon Dieu! *(Ses jambes fléchissent, elle tombe sur une chaise.)*

LE COMTE.

Qu'avez-vous?

VALENTINE.

Moi? rien. Seulement mon présent n'a plus de signification, et je le remporte.

LE COMTE.

Non pas, je garde cette couronne.

VALENTINE.

Et qu'en ferez-vous?

LE COMTE.

Si je me marie un jour, si j'épouse une jeune fille charmante comme vous, elle lui sera offerte. Me la refusez-vous toujours?

VALENTINE.

Oh! non, non, gardez-la.

LE COMTE.

Merci, mon enfant; vous vous êtes largement acquittée vis-à-vis de moi.

VALENTINE.

Pas tout à fait encore, monsieur le comte; il me reste vous rendre ces dix mille francs.

LE COMTE.

Quels dix mille francs?

VALENTINE.

Les dix mille francs que vous m'avez prêtés pour fonder un magasin sur le boulevard des Italiens. Oh! le magasin vous fait honneur, monsieur le comte; quand vous passerez devant le passage du Panorama, levez la tête, et vous lirez: Madame Perrot, fleuriste.

LE COMTE.

Madame Perrot!... seriez-vous donc mariée, vous?

VALENTINE.

Non, monsieur le comte, mais...

LE COMTE.

Oui, je comprends... le mot madame impose plus de

réspect que celui de mademoiselle. Quánd je passerai devant le passage du Panorama, mademoiselle Perrot, jé lèverai les yeux, je vous le promets. (*On frappe à la porte du salon*.)

LE COMTE.

Entrez!

LE VALET, *sur le seuil de la porte.*

Monsieur le comte.

LE COMTE.

Que voulez-vous?

LE VALET.

Madame demande si elle peut entrer.

LE COMTE, *sévèrement.*

Quelle dame?

LE VALET.

Madame Diane de Stell.

LE COMTE, *avec humeur.*

Dans un instant. (*Le Valet sort.*)

VALENTINE, *tristement, se levant.*

Je vous dérange.

LE COMTE.

Nullement, mon enfant.

VALENTINE, *lui présentant une fois encore les billets.*

Maintenant, monsieur le comte, s'il vous plaît?

LE COMTE.

Encore ces billets.

VALENTINE.

Sans doute!

LE COMTE.

Je croyais vous les avoir donnés.

VALENTINE.

Oh! monsieur le comte, rappelez-vous bien, c'est vous-même, quand je les refusais, qui m'avez fait la condition de vous les rendre un jour.

LE COMTE.

J'en suis fâché, ma chère enfant, mais je ne m'en souviens pas.

VALENTINE.

Mais moi je m'en souviens, et comme cet argent est à vous, que c'est avec cet argent que j'ai fondé mon magasin... Eh bien! soit, au lieu d'être mon commanditaire, vous serez mon associé.

LE COMTE, *riant.*

A ce titre j'accepte!

VALENTINE.

Je vous avertis que nous sommes en train de faire fortune;
j'ai joint l'exportation à mon commerce de détail, je gagne
des sommes immenses.

LE COMTE.

Je suis enchanté, mon enfant, d'apprendre que vous
prospérez.

VALENTINE.

Puis-je espérer, monsieur le comte, que vous viendrez
visiter notre établissement.

LE COMTE.

Sans doute.

VALENTINE.

Vous savez l'adresse de mon magasin?

LE COMTE.

Parfaitement.

VALENTINE.

Adieu, monsieur le comte. (*Elle va vers la porte.*)

LE COMTE.

Valentine.

VALENTINE.

Monsieur le comte.

LE COMTE.

Vous oubliez une chose?—

VALENTINE.

Laquelle?

LE COMTE.

C'est de me payer les intérêts. (*Valentine hésite; le Comte
lui tendant les deux mains :*) Allons!

VALENTINE, *lui présentant le front.*

Prenez!

LE COMTE, *l'embrassant.*

Merci!

VALENTINE.

N'oubliez pas. Passage du Panorama, madame Perlot.
(*Valentine sort.*)

SCÈNE X

LE COMTE, *seul.*

L'adorable jeune fille! La femme est véritablement la créature douée du Seigneur; dans quelque classe qu'elle naisse, elle naît gentilhomme. Chez elle l'éducation fait tout. Voilà une petite paysanne, moins encore, un petit paysan. Il y a deux ans, il était au plus bas de l'échelle sociale: un accident le pousse, non pas dans la société, mais dans la foule, et voilà la foule qui le prend, qui le roule, qui le frotte, qui le taille et qui le passe à la société. La société, à son tour, fait son œuvre. Le diamant, dans ses mains, se polit à sa propre poussière, il brille, il éclate, il éblouit. Habillez-moi cette enfant-là avec élégance, donnez-lui une voiture à huit ressorts, deux chevaux de six mille francs, un cocher poudré, un King-Charles gros comme le poing, un groom grand comme Tom-Pouce, et vous aurez une duchesse. Prenez à côté d'elle un drôle dans le même village, donnez-lui les mêmes conditions qu'à elle pour arriver et grandir, l'empreinte natale ne s'effacera jamais, et, à moins de rare exception, notre homme deviendra un laquais, un commis marchand, un Calixte Tournel, tout au plus! (*Il se lève.*) C'est que les femmes sont destinées à être mères; ce que la nature fait est bien fait!

SCÈNE XI

LE COMTE, DIANE.

DIANE.

Est-ce à mon tour?

LE COMTE.

Il est toujours votre tour d'entrer chez moi quand je suis seul.

DIANE.

J'aurais probablement dérangé quelqu'un.

LE COMTE.

Point de curieuses ou malveillantes suppositions. Vous savez, Diane, je les aime peu. Que me voulez-vous?

DIANE.

Avez-vous réfléchi? monsieur le comte.

LE COMTE.

A quoi?

DIANE.

A mon ultimatum.

LE COMTE.

Quel ultimatum?

DIANE.

Pas de parure, plus de Diane.

LE COMTE.

Je vous avoue, ma chère, que je n'y ai pas même pensé.

DIANE, *voyant le carton où est la couronne.*

Menteur!

LE COMTE.

Comment, menteur?

DIANE, *lui montrant le carton du doigt.*

Qu'est-ce que cela?

LE COMTE.

Une chose qui n'est point à votre usage.

DIANE, *découvrant le carton.*

Une couronne de fleurs des champs. Oh! la jolie coiffure!
(*Elle prend la couronne.*)

LE COMTE, *l'arrêtant.*

S'il vous plaît, Diane...

DIANE.

Quoi?

LE COMTE.

Ne touchez pas à ces fleurs!

DIANE.

Pourquoi?

LE COMTE.

Elles ne vous sont point destinées.

DIANE.

Et à qui est-elle donc destinée?

LE COMTE.

A personne encore.

DIANE.

Alors, je puis la prendre, puisqu'elle n'est destinée à
personne.

LE COMTE.

Non.

DIANE.

Je la veux !

LE COMTE.

Inutile, vous ne l'aurez pas.

DIANE.

Si vous me la donnez, je vous tiens quitte de votre parure
de diamants.

LE COMTE, *écrivant quelques mots sur un papier.*

J'autorise monsieur Jeannisset à donner à mademoiselle
Diane la parure qu'elle désire. (*A Diane:*) Tenez !

DIANE.

Qu'est-ce cela ?

LE COMTE.

Votre parure.

DIANE.

Ainsi vous estimez cette couronne plus de dix mille
francs ?

LE COMTE.

Plus que tout !

DIANE.

C'est une rupture que vous voulez ?

LE COMTE.

Vous me l'avez proposée ce matin, en me disant d'y
réfléchir.

DIANE.

Après ?

LE COMTE.

J'ai réfléchi.

DIANE.

Et ?...

LE COMTE.

J'accepte !

DIANE.

Vous savez que si je mets, dans ces conditions, les pieds
hors de votre hôtel, je n'y rentrerai jamais ?

LE COMTE.

Donnez-m'en votre parole et cette parure est à vous.

DIANE, *lui arrachant le papier des mains.*

J'accepte !

LE COMTE.

Merci.

DIANE, *furieuse.*

Lâche!... Lâche! voilà comme ils sont tous ceux qui ont assez d'or pour acheter leurs plaisirs. Ces prodigues insensés, lorsqu'ils nous désirent, humilient à nos pieds leur orgueil, dorent le pavois sur lequel ils nous élèvent, proclamant haut et fort le nom envié de leur maîtresse, et nous aident, dans la frénésie de leur vertigineuse passion, à railler, souiller, déshonorer toutes les dignités de la famille et de la société; puis, lorsque, usés et blasés, ils songent à prendre leurs chevrons de sagesse en épousant une ingénue et riche héritière, ils nous chassent, nous renient, oubliant qu'ils ont été les éditeurs de nos œuvres et les lanceurs de ces courtisanes qu'ils méprisent.

LE COMTE.

Bravo!... bravo!... Quelle verve! quelle fougue! vous auriez, j'en suis persuadé, madame, en y déployant l'esprit et l'imagination que vous possédez, un succès fou en faisant des conférences sur les tribulations incomprises de la femme libre.

DIANE.

Lorsqu'on porte un nom chevaleresque de paladin, on ne doit pas le salir en humiliant la femme à laquelle, pendant cinq ans, on a dit: Je t'aime!...

LE COMTE, *impatienté.*

Pour vous séduire je n'ai, madame, usé d'aucune violence, d'aucun philtre ou sortilége; ma fortune opéra seule ce miracle. C'était, si j'ai bonne mémoire, non pas un sentiment qui nous lia, mais un marché financier que nous fîmes. Vous étiez royalement belle, et la vanité tint place d'amour dans mon cœur. — J'ai loyalement rempli mes engagements, laissant vos doigts mignons guider à leur fantaisie les rênes dorées de ma fortune. A qui la faute si elle a disparu?... à vous, madame, qui l'avez mal dirigée. Chacun, dans le milieu où il est, a sa petite ou grande dose d'amour-propre à sauvegarder. On aimera toujours mieux accuser Dieu, la destinée ou les autres, des fatalités qui nous atteignent que d'avouer qu'on a fait fausse route. Séparons-nous donc sans ridicules scènes, et vous désirant,

madame, beaucoup de ce bonheur que j'ai vainement cher-
ché auprès de vous.

DIANE.

Ah! faux gentilhomme que vous êtes! je me vengerai!
adieu.

LE COMTE.

Adieu! (*Elle sort.*)

SCÈNE XII

LE COMTE, *seul.*

O ma belle couronne! je te promets de ne te poser que
ur un front pur!

FIN DU DEUXIÈME ACTE.

ACTE TROISIÈME

BUREAU DE VALENTINE

Au fond, ouverture sur les magasins, par lesquels on voit l'atelier des fleuristes. Porte à gauche donnant dans le salon de
Valentine. Porte à droite donnant dans sa chambre.

—

SCÈNE PREMIÈRE

VALENTINE, FÉLICIE.

VALENTINE.

Ma chère Félicie, mettez-moi ces registres au courant;
puisque je suis décidée à vendre un jour ou l'autre mon
établissement, il faut que les acheteurs qui viendront
prendre des renseignements trouvent les choses en règle.

FÉLICIE.

Vous le voyez, mademoiselle, je m'en occupe, et avant
ce soir, si je ne suis pas dérangée, j'espère avoir fini.

UNE DOMESTIQUE, *entrant par le salon.*

Mademoiselle, madame Dreyfus vient vous rendre une
visite; elle vous attend dans le salon.

VALENTINE.

C'est bien, dites que j'y vais. (*La Domestique sort.*)

VALENTINE, *à Félicie.*

Qu'on ne me dérange qu'en cas d'affaire majeure.

FÉLICIE.

Soyez tranquille, je ferai bonne garde.

VALENTINE, *en allant vers le salon.*

Et bon travail! Courage! (*Elle entre dans le salon.*)

SCÈNE II

FÉLICIE, CÉLESTE.

FÉLICIE.

Courage... vous en donneriez, à la plus paresseuse, du courage, mademoiselle Valentine. Voyons, où en étions-nous?.. New-York... à la maison Arkanson, vingt-deux caisses, 43,000 fr. réglés à trois et à six mois. La maison Jacobs, de Philadelphie, quatre caisses.

CÉLESTE.

Mademoiselle Félicie!

FÉLICIE.

Hein! que me voulez-vous?

CÉLESTE.

Imaginez-vous qu'il y a là un monsieur très-distingué qui a dit son nom, monsieur le comte de Doisy ou de Noisy, je n'ai pas osé lui faire répéter, qui demande à parler à madame.

FÉLICIE.

Impossible en ce moment, madame est avec une amie; elle a recommandé qu'on ne la dérangeât pas.

CÉLESTE.

Mais si ce monsieur insiste?

FÉLICIE.

Faites-le entrer; si c'est pour une commande je le recevrai. S'il veut absolument parler à madame, eh bien! j'apprécierai l'importance de ses raisons.

CÉLESTE, *allant sur la porte de l'atelier.*

Entrez, s'il vous plaît, monsieur, entrez! (*Céleste sort. Le Comte entre du fond.*)

SCÈNE III

FÉLICIE, LE COMTE.

LE COMTE.

Oh! pardon, mademoiselle, je croyais avoir l'honneur de trouver ici madame Valentine; je désirais lui parler.

FÉLICIE, *saluant sans se lever.*

Est-ce pour une affaire dans laquelle je puisse la remplacer?...

LE COMTE.

Non, mademoiselle, j'avais affaire à elle seule!...

FÉLICIE.

Je vais faire monsieur juge lui-même de l'importance de la cause qui l'amène, en lui disant que madame est là, au salon, recevant une visite; elle a expressément défendu qu'on la dérangeât. Si l'affaire est de conséquence, et que monsieur insiste, au risque de désobéir à sa recommandation, monsieur verra madame à l'instant même, sinon monsieur aura la complaisance de repasser ou d'attendre.

LE COMTE.

Me le permettez-vous?

FÉLICIE.

Quoi?

LE COMTE.

D'attendre?

FÉLICIE, *se levant et avançant un fauteuil.*

Certainement. Sans doute madame a l'honneur d'être connue de monsieur le comte? (*Elle va se rasseoir derrière le bureau.*)

LE COMTE.

Étiez-vous déjà dans la maison lorsqu'on y confectionna une merveilleuse couronne de fleurs des champs?

FÉLICIE.

Que madame fit tout entière de sa main?...

LE COMTE.

J'ignorais ce détail.

FÉLICIE.

Il y a déjà longtemps de cela?

LE COMTE.

Il y a quelque temps.

FÉLICIE.

Oh! très bien!

LE COMTE.

C'était pour moi.

FÉLICIE.

Je me rapelle que madame a voulu la porter elle-même et n'a pris avec elle que Rosa.

LE COMTE.

Elle m'invita alors à venir voir son établissement.

FÉLICIE.

Et monsieur le comte n'a pas oublié l'adresse.

LE COMTE.

Il n'y avait pas moyen : en face le passage dés Panoramas. Depuis, j'ai eu de graves affaires qui m'ont empêché de venir. Aujourd'hui, en passant sur le boulevard, je me suis souvenu de l'invitation et je suis monté... Mais que m'ont demandé ces demoiselles? si je venais pour acheter le magasin? Le magasin est-il donc à vendre?

FÉLICIE.

Pas encore, mais il le sera bientôt.

LE COMTE.

Pardonnez la question, elle n'est point d'un indiscret, mais d'un ami. Est-ce que par malheur mademoiselle Valentine ferait de mauvaises affaires?

FÉLICIE, *riant.*

Au contraire, monsieur, elle en fait de fort bonnes.

LE COMTE.

Je ne vous comprends pas.

FÉLICIE.

Mademoiselle Valentine, qui est la fille d'une pauvre paysanne, je puis le dire puisqu'elle s'en vante, n'a pas d'ambition, elle se trouve assez riche et veut se retirer.

LE COMTE.

A vingt-deux ans, car je crois que mademoiselle Valentine n'a que vingt-deux ans?

FÉLICIE.

Oui, monsieur.

LE COMTE.

Mais c'est une véritable perte pour l'art.

FÉLICIE.

C'est ce que je ne cesse de répéter à madame, mais elle ne tient pas compte de mes observations.

LE COMTE.

Mais que va-t-elle faire à son âge ?

FÉLICIE.

Acheter une propriété à Choisy, et se retirer au milieu des bois : elle vivra, dit-elle, là au milieu de ses souvenirs d'enfance et de tout ce qu'elle aime. Les grands arbres, les fleurs, les oiseaux. Elle prétend qu'elle a une permission de chasse dans la magnifique forêt de Choisy ; elle est toute joyeuse de songer à user à sa fantaisie de cette permission. Ce qu'il y a de sûr, c'est que partout où elle ira, ce sera une bénédiction pour les malheureux.

LE COMTE.

Bah ! le magasin n'est pas encore vendu, et mademoiselle Valentine n'est pas encore dans son domaine de Choisy. Un beau garçon viendra qui offrira son cœur et sa main, et le mari fera avorter tous les projets de la jeune fille.

FÉLICIE.

Oui, voici justement ce dont madame ne veut pas entendre parler.

LE COMTE.

Du mariage ?

FÉLICIE.

S'il faut l'en croire, elle ne se mariera jamais.

LE COMTE.

Serment de joueur.

FÉLICIE.

Oh ! non, et je crois vraiment qu'elle fera comme elle dit.

LE COMTE.

Mais il y a donc quelque amour là-dessous ?

FÉLICIE, *passant derrière le Comte.*

Chut !

LE COMTE, *se levant.*

Oh ! elle ne peut nous entendre. Alors mademoiselle Valentine a au cœur quelque passion romanesque ?

FÉLICIE.

Ce que vous dites là, je le crois; seulement, vous le dites en riant, monsieur le comte, et moi je le dis sérieusement.

LE COMTE.

Vous connaissez peut-être l'heureux mortel?...

FÉLICIE.

Non.

LE COMTE.

Comment ! curieuse; je me trompe, observatrice comme l'est une jeune fille, vous n'avez pas remarqué parmi les milliers d'amoureux qui doivent venir au magasin, sous prétexte d'acheter des fleurs...

FÉLICIE.

Je jurerais que celui que madame aime, si madame aime quelqu'un, n'est jamais venu chez elle.

LE COMTE.

Qui peut vous faire croire cela ?

FÉLICIE.

Toutes les fois qu'il vient un jeune homme, ou un homme jeune, je me dis : c'est peut-être lui, et je la regarde au visage. Pas une fois je ne l'ai vue rougir ni pâlir, donc elle n'aime personne de ceux qui viennent, et elle aime quelqu'un qui ne vient pas.

LE COMTE.

Mais cela m'a tout l'air, non-seulement d'un amour caché, mais d'une passion malheureuse. Peut-être mademoiselle Valentine a-t-elle le malheur d'aimer un homme qui n'est pas libre.

FÉLICIE.

Je ne crois pas, ce serait plutôt, s'il m'était permis d'avoir quelque soupçon, un homme au-dessus d'elle, quelque grand seigneur qu'elle aurait connu autrefois; je ne sais pas.

LE COMTE.

Pauvre enfant! je la plains alors. (*Se levant.*) Ne voulant pourtant pas vous déranger plus longtemps, je passerai un jour où mademoiselle Valentine ne recevra pas de visite.

FÉLICIE.

Vous me dites cela avec un air contrarié.

LE COMTE.

La seule contrariété que j'éprouve est d'être privé du plaisir de voir votre maîtresse. Au revoir, ma belle enfant!

FÉLICIE.

N'y a-t-il rien à dire à mademoiselle de votre part?

LE COMTE.

Non, je repasserai, voilà tout.

SCÈNE IV.

LES MÊMES, CÉLESTE.

CÉLESTE, *entrant.*

Dites donc, mademoiselle Félicie, c'est encore ce monsieur dont les visites déplaisent tant à madame.

FÉLICIE.

Eh bien! mais il faut exécuter les ordres de madame, il faut lui dire qu'elle n'y est pas.

TOURNEL, *dans la coulisse.*

Allons donc! je suis sûr qu'elle y est.

LE COMTE, *qui allait sortir.*

Monsieur Caliste Tournel!

FÉLICIE.

C'est lui-même; vous le connaissez?

LE COMTE, *contrarié.*

Oui, et j'ai les plus fortes raisons, dans l'intérêt de mademoiselle Valentine, de ne pas être vu ici par lui... N'y aurait-il pas un moyen de me faire sortir sans qu'il me vît?...

FÉLICIE.

Il n'y a d'autre sortie que par le salon où est mademoiselle... (*S'avançant vers la porte du salon pour l'ouvrir.*)
Si monsieur le comte veut passer par là?... •

LE COMTE, *remontant un peu.*

Non, je craindrais de déranger mademoiselle Valentine.

VOIX DES DEMOISELLES DE MAGASIN.

Mais, monsieur, mais, monsieur, quand nous vous disons
que madame n'est pas là.

TOURNEL.

Moi, je vous dis qu'elle y est. Comme l'ogre du Petit
Poucet, je sens la chair fraîche.

LE COMTE, *allant vers la porte de la chambre.*

Le voilà! Ah! où donne cette porte?

FÉLICIE.

Dans la chambre de madame.

LE COMTE, *hésitant, puis ouvrant.*

Ma foi! tant pis. (*A Félicie.*) Renvoyez-le vite. (*Il entre et
tire la porte vers lui.*)

LES DEUX JEUNES FILLES.

Il était temps!

SCÈNE V

FÉLICIE, CÉLESTE, TOURNEL.

TOURNEL, *entrant.*

Bonjour, mes petits amours chéris. Où est votre reine?
(*Valentine sort du salon au bruit qui se fait.*)

SCÈNE VI

LES MÊMES, VALENTINE.

VALENTINE, *entrant.*

Si c'est moi que vous appelez ainsi, me voilà, monsieur.

TOURNEL.

Eh! je savais bien qu'elle y était!

VALENTINE.

Retirez-vous, mesdemoiselles : Pour que monsieur ait insisté ainsi, il faut qu'il ait à me parler de choses secrètes et importantes. (*Les Jeunes Filles sortent.*)

SCÈNE VII

VALENTINE, TOURNEL.

TOURNEL.

Secrètes et importantes, vous avez raison, mademoiselle; car je veux vous parler de mon amour.

VALENTINE.

Encore, monsieur!

TOURNEL.

Toujours, parbleu!

VALENTINE.

J'ai ordonné à ces demoiselles de se retirer, monsieur, parce qu'il me répugne, dans certaines occasions, de dire à un homme, cet homme s'y fût-il exposé par une trop longue persécution, ce que je pense de sa conduite. Nous sommes seuls; je ne vous cacherai pas que la vôtre me paraît tout à fait indigne d'un homme distingué.

TOURNEL.

Et que trouvez-vous donc à reprendre dans ma conduite? Je vous aime!... je suis riche, et je vous offre tout ce que peut désirer une femme, et tout ce que les femmes désirent : de l'argent, des chevaux, un hôtel!

VALENTINE.

Rappelez-vous, monsieur, que vous m'avez proposé tout cela quand j'étais pauvre. Je vous ai refusé, simplement, nettement. Aujourd'hui que je suis riche, vous venez m'offrir les mêmes tentations. De l'argent, j'en ai; des chevaux et un hôtel, j'en aurai quand je voudrai et sans, Dieu merci, recourir à personne.

3.

TOURNEL

Mais, mademoiselle, il n'est point de femme inflexible. (*A part.*) Du moins je n'en ai jamais connu. (*Haut.*) Il y a bien au monde quelque chose que vous désirez; nommez-moi l'objet de votre désir, et vous l'aurez, foi de Caliste Tournel !

VALENTINE.

La seule chose que je désire de vous, monsieur, c'est que vous soyez bien convaincu qu'il y a des femmes insensibles à toutes ces misères brillantes que vous faites miroiter à mes yeux. Heureusement ou malheureusement, la Providence m'a mis au cœur un talisman avec lequel je puis braver les trésors du grand Seigneur lui-même.

TOURNEL.

Ce talisman, quel est-il, mademoiselle?... Et à tout prix...

VALENTINE.

Je veux bien vous le dire, dans l'espoir qu'il me délivrera de vos poursuites; ce talisman, monsieur, c'est un amour profond.

TOURNEL.

Vous devez d'autant mieux apprécier le mien, mademoiselle.

VALENTINE, *souriant tristement.*

Je ne crois pas que nos deux amours se ressemblent.

TOURNEL.

Je ne sais, mademoiselle, quel est le genre et la valeur du vôtre; le mien est franc, loyal, tout feu et flamme. Ne pas vous voir est pour mon cœur une intolérable torture; votre présence est pour moi l'arc-en-ciel lumineux qui chasse de mon esprit les sombres nuages amoncelés par le tracas des affaires; vous êtes le rayon de soleil qui dore mes spéculations financières, et j'aimerais mieux, parole d'honneur, vivre sans argent que sans vous. Voilà mon amour, voyons le vôtre.

VALENTINE.

Le mien, monsieur, repose calme et inaltérable dans le recoin le plus caché de mon cœur; il m'inspire des désirs et des élans de nobles et généreuses actions; il me rend bonne, aimante, charitable; il m'encourage au travail, source de toutes les vertus. C'est le nid béni d'où sortent mes actions les meilleures, mes pensées les plus pures.

TOURNEL.

Eh bien! mademoiselle, je vais vous donner une preuve de la pureté du mien, je vous ai offert mon cœur, vous l'avez refusé; je vous offre ma main, la refuserez-vous?

SCÈNE VIII

LES MÊMES, LE COMTE.

LE COMTE, *ouvrant la porte.*

Cher monsieur Tournel, vous oubliez que vous êtes marié!

VALENTINE ET TOURNEL.

Le comte!

LE COMTE.

Pourquoi avez-vous eu l'imprudence de me le dire, je ne vous le demandais pas, moi.

TOURNEL.

Ah! vous étiez là! et caché. Mademoiselle, votre résis-tance ne m'étonne plus.

VALENTINE.

Monsieur!

TOURNEL.

Seulement vous vous êtes trompée quand vous avez dit que le talisman était dans votre cœur, il était dans votre chambre.

LE COMTE.

Insolent!...

TOURNEL.

Ah! monsieur le comte, vous vous ruinez avec les cour-tisanes, vous chargez des courtiers de vous marier avec un ou deux millions, et l'on vous trouve dans les chambres des fleuristes!

LE COMTE.

Silence! monsieur; si madame n'était pas là, ma main aurait déjà châtié votre joue.

TOURNEL.

A quoi cela vous eût-il servi? Vous savez bien que je ne me battrai pas avec vous.

LE COMTE.

Et pourquoi cela? Parce que je suis un gentilhomme et vous un manant!

TOURNEL.

Non, c'est parce que vous me devez cent mille écus, monsieur le gentilhomme, et qu'on ne se bat pas avec un homme qui vous doit cent mille écus. Peste! je ne suis pas de ceux qui bourrent leurs pistolets avec une quittance de trois cent mille francs.

LE COMTE.

Si je vous dois trois cent mille francs, monsieur, mon château et ma terre de Choisy vous en répondent.

TOURNEL.

Votre château et votre terre, dans trois mois ils ne seront plus à vous, monsieur le comte; et quant au mariage qui devait redorer le château et fumer les terres, il faut, à partir de ce moment, en faire votre deuil, entendez-vous? Quant à vous, mademoiselle Valentine, je sais, maintenant, ce que je dois penser de votre vertu. Il y a longtemps que je me doutais que ce n'était pas pour elle que les fleuristes faisaient des couronnes blanches.

LE COMTE *s'élance vers Tournel.*

Misérable! (*Valentine se précipite entre eux deux. Tournel sort.*)

SCÈNE IX

LE COMTE, VALENTINE, *puis* FÉLICIE.

LE COMTE.

Oh! ma chère Valentine, que d'excuses j'ai à vous faire, que de regrets j'ai à vous exprimer.

VALENTINE, *se laissant aller sur un fauteuil.*

Comme vous l'avez dit, c'est un misérable! Mais comment vous trouviez-vous là?

LE COMTE.

De la façon la plus innocente du monde. A la dernière visite, je dirai même à la seule que vous m'avez faite, vous me donnâtes votre adresse, et je promis de venir vous voir; si je n'ai pas tenu plus tôt ma promesse, ce n'est, Valentine, ni par indifférence ni par oubli; vous aviez laissé dans mon esprit et dans mon cœur un ineffable souvenir. Je venais aujourd'hui m'excuser auprès de vous, si toutefois on doit demander pardon d'avoir été privé d'un plaisir. Lorsque cet homme est entré ici, presque de force, j'ai craint qu'en me voyant dans ce cabinet dont on lui défendait la porte, il n'eût quelque indigne soupçon... Je me suis jeté dans votre chambre, là j'ai entendu ce qu'il disait. Tant de lâcheté et de mensonges m'ont révolté. Je suis sorti... Je le sais, j'aurais dû rester; mais je n'ai pu entendre parler de cette façon, à vous dont je connais la vertu, dont je connais la sagesse; à vous que j'honore, que... j'allais dire que j'aime.

VALENTINE, *émue, se levant.*

Mon Dieu!...

LE COMTE.

Excusez-moi, Valentine, j'aurais dû me rappeler l'aveu que vous venez de faire vous-même, que votre cœur n'était plus à vous. Si je connaissais celui qui a le bonheur d'être aimé de vous, j'irais lui répéter ce que je viens de vous dire et il me croirait.

VALENTINE.

Celui que j'aime, monsieur le comte, ne saura probablement jamais que je l'aime. Rassurez-vous donc, cet homme a pu, par certaines paroles qu'il a dites, briser mon cœur, mais il ne peut atteindre ma réputation; puis, mon Dieu, je vous dois tant, que, malgré tout ce qui peut m'arriver à cause de vous, je serai loin d'être quitte envers mon bienfaiteur.

LE COMTE.

Vous avez, Valentine, une nature d'élite : le bien et le beau sont unis en vous; avec cela vous êtes naturelle et charmante. Celui qui vous devra son bonheur sera fier et joyeux de voir la foule s'incliner respectueusement devant sa vertueuse et belle compagne. Votre amour sera harmonieux à son cœur comme un chant d'oiseau, vivifiant comme un rayon de soleil, enivrant comme le parfum des fleurs. (*Il lui prend la main qu'il presse dans la sienne.*) Presser votre main dans la sienne, lire dans vos yeux si doux le pardon de sa témérité, entendre votre voix lui dire comme un écho de la sienne : je t'aime! (*Valentine fait un mouvement qui l'éloigne du Comte. Le Comte laisse aller la main de Valentine et lui dit tristement :*) Celui-là, si vous repoussez son amour vrai, sera bien malheureux.

VALENTINE.

Un amour vrai, monsieur le comte, ne naît pas spontanément dans notre cœur sans cause ni motif; il n'est pas, ainsi que le désir et le caprice, une plante parasite que le premier faneur venu fauche en passant : celui qui doit être l'élu de notre cœur y a sa place marquée bien avant qu'il arrive à nous; une attraction sympathique et intime nous entraîne vers lui, nous le reconnaissons sans l'avoir jamais vu et nous lui disons je t'aime sans indécision et sans crainte. Vous voyez, monsieur le comte, qu'on ne peut repousser un pareil amour.

LE COMTE.

Vous avez raison, Valentine, le vrai s'impose; on a beau abaisser l'art et nier le cœur, ils domineront toujours, car ils sont immortels.

VALENTINE.

Vos nobles idées sont les miennes. Je suis heureuse, mon cher bienfaiteur, d'être à la hauteur de vos bienfaits. Le petit braconnier vous a voué une reconnaissance sans bornes, l'ouvrière une vénération enthousiaste.

LE COMTE.

Et la jeune fille?

VALENTINE, *émue.*

Celle-là...

LE COMTE, *anxieux.*

Celle-là?...

VALENTINE, *résolument.*

Vous aime de tout son cœur. (*Le Comte fait un mouvement passionné vers Valentine.*)

FÉLICIE, *en dehors.*

Mademoiselle! mademoiselle !

VALENTINE.

Qu'est-ce? entrez.

FÉLICIE.

Pardon, mademoiselle... C'est très-pressé, pour l'effet Rothel... le garçon de banque ne pouvant attendre.

VALENTINE.

Bien !

LE COMTE, *à part.*

Le hasard a parfois plus de logique que le cœur... Mon beau rêve, enfuis-toi pour toujours.

VALENTINE.

Voilà les trois mille francs. (*Félicie sort.*)

LE COMTE.

Adieu, ma chère enfant.

VALENTINE.

Pourquoi adieu, dites au revoir.

LE COMTE.

Pitié pour moi, chère Valentine. (*Il sort.*)

SCÈNE X

VALENTINE, *seule.*

Suis-je heureuse! cet homme, en vous menaçant, mon bien aimé Comte, vient de me laisser deviner un doux secret et m'a indiqué la part que je devais prendre dans votre vie!

FIN DU TROISIÈME ACTE.

ACTE QUATRIÈME

Le cabinet de travail du Comte au château de Choisy. —
Porte au fond; à droite, porte conduisant au fumoir; à gauche,
porte conduisant dans la galerie.

SCÈNE PREMIÈRE

LE COMTE, *seul, achevant d'écrire son testament.*

·Et l'ai signé de ma main. (*Il prend un livre et lit :*)

« Jacque était grand, loyal, intrépide, superbe,
» L'habitude, qui fait de la vie un proverbe,
» Lui donnait la nausée. Heureux et malheureux,
» Il ne fit rien pour elle et garda pour ses dieux
» L'audace et la fierté qui sont ses sœurs aînées.

» Il prit trois bourses d'or, et, durant trois années,
» Il vécut au soleil sans se douter des lois;
» Et jamais fils d'Adam, sous la sainte lumière,
» N'a de l'est au couchant promené sur la terre
» Un plus large mépris des peuples et des rois!

» Ce n'était pour personne un objet de mystère
» Qu'il eut trois ans à vivre et qu'il mangeât son bien;
» Le monde souriait et le regardait faire,
» Et lui qui le faisait disait à l'ordinaire
» Qu'il se ferait sauter quand il n'aurait plus rien. »

Allons, Maurice, tu as commencé comme Rolla, il faut finir comme lui... Toi aussi, tu as eu trois bourses d'or, et tu les as mangées les unes après les autres, et maintenant l'heure est venue. (*Il plie le testament, le cachète et écrit dessus : « Ceci est mon testament olographe; » allumant un cigare à la bougie à laquelle il vient d'allumer la cire. Voilà, par ma foi, un des meilleurs cigares que j'aie fumés... Est-ce qu'on se mettrait à vendre de bons cigares, juste au moment, où... Ce serait un mauvais tour qu'on me jouerait là.*

SCÈNE II

LE COMTE, MARCEL.

MARCEL.

Eh bien! monsieur le comte, est-ce donc pour aujourd'hui?

LE COMTE.

Hélas! oui, mon brave Marcel, mais, sois tranquille, en partant, je me suis occupé de tous ceux qui m'ont fidèlement servi, et tu es de ceux-là... Mon château vendu, il restera une cinquantaine de mille francs, M. Desnoyers, mon notaire, les placera...

MARCEL.

Tiens, il arrive dans son cabriolet, je viens de le voir.

LE COMTE.

Et de leur revenu, il vous payera vos appointements, jusqu'à votre mort, avec moitié reversible sur la tête de vos veuves et de vos enfants.

MARCEL.

Comment! vous partez donc?

LE COMTE.

Oui.

MARCEL.

Il ne nous manquait plus que ce malheur-là ! mon Dieu !

LE COMTE.

Que veux-tu que je fasse ruiné ? Là où j'ai été riché ?

MARCEL.

Un bon conseil, monsieur le comte ; au lieu de désespérer comme un païen, restez avec nous. Il vous restera cinquante mille francs, dites-vous ? Mais, avec cinquante mille francs, on n'est pas ruiné, bien au contraire, on est riche, ou plutôt, on peut le redevenir. Adoptez une industrie quelconque. Travaillez, refaites-vous une fortune.

LE COMTE.

Mais vous, mes amis ?

MARCEL.

Nous, monsieur le comte, nous vous aiderons ; autrefois, les seigneurs avaient la corvée qu'ils imposaient de force aux paysans. Nous la ferons pour vous, de bonne volonté, et joyeusement encore, ah ! sans forcer personne. Nous sommes cent cinquante dans le village à vous offrir nos bras deux fois la semaine.

LE COMTE.

Et à quoi les emploierai-je, vos bras ? je n'ai plus ni terres, ni prés, ni forêts !

MARCEL.

C'est juste, et vous nous quittez ?

LE COMTE.

Il le faut.

MARCEL.

Sans être trop curieux, où allez-vous, monsieur le Comte ?

LE COMTE.

Pourquoi me demandez-vous cela ?

MARCEL.

Parce que l'on dit au pays qu'il y a un comte, comme vous, qui était ruiné comme vous, un grand chasseur. Il est parti pour L'Amérique, la Californie, la Nouvelle-Hollande, je ne sais plus où. Il paraît qu'il a refait sa fortune en vendant des fourrures. Lui n'avait pas cinquante mille francs, il n'avait que juste de quoi acheter des armes et payer son passage. Eh bien! nous trois, vous, moi et le père Lafeuille, un crâne tireur, vous savez... l'autre jour, sur dix-sept coups, dix-sept bécassines ; nous ravagerons l'Amérique, quoi, sans compter que quand il vous plaira de rester dans les villes à faire le Monsieur, vous y resterez, nous chasserons pour vous.

LE COMTE, *se levant.*

Assez! assez, mes enfants, vous croyez me faire du bien, vous me faites du mal et beaucoup!

MARCEL.

Du mal! à vous?... avec quoi?

LE COMTE.

Avec votre dévouement.

MARCEL.

Dame! nous vous sommes dévoués, parce que nous vous aimons.

LE COMTE.

Qu'ai-je fait pour que vous m'aimiez ? Vous me serviez bien, je vous payais bien, voilà tout.

MARCEL.

Ah! bien, oui, est-ce qu'on aime les gens parce qu'ils vous payent? Voilà mademoiselle Diane, vous la payiez, elle, et cher... est-ce qu'elle vous aimait? Non, l'amour ne se commande pas. Ça vient tout seul, d'une poignée de main, d'une bonne parole, d'un service rendu quand on ne le demande pas... Si l'on me demandait pourquoi je vous aime, je répondrais : Je ne le sais pas, mais je vous aime.

LE COMTE, *lui serrant la main.*

Braves cœurs que vous êtes... Merci... Ah! voici monsieur Desnoyers... Entrez, Desnoyers, entrez... (*Marcel va à la porte et s'appuie sur son fusil.*)

SCÈNE III

Les Mêmes, DESNOYERS.

LE COMTE.

Venez, j'ai des papiers à vous remettre et des recommandations à vous faire, en voilà d'abord un sur la table.

DESNOYERS, *lisant.*

« Ceci, est mon *testament olographe.* » Comment, votre testament ?

MARCEL, *au fond.*

Son testament !

LE COMTE.

Eh bien ! mais est-ce une chose étonnante que de faire son testament quand on va partir pour un long voyage ?

DESNOYERS.

Non, vous avez raison, c'est une précaution salutaire. Et c'est à propos de ce testament que vous avez quelques recommandations à me faire ?

LE COMTE.

Je désire que vous poussiez, ou fassiez pousser l'adjudication, de manière à ce que, toutes dettes et tous frais payés, il reste une cinquantaine de mille francs pour servir des rentes et acquitter des legs ; croyez-vous la chose possible ?

DESNOYERS.

Je le crois.

LE COMTE.

Alors, tout va bien. Vous avez apporté les titres de propriété du château et des terres en dépendant, afin qu'on puisse les remettre à l'acquéreur, n'est-ce pas ?

DESNOYERS.

Les voici.

UN VALET, *entrant.*

Madame Diane de Steel demande un moment d'entretien à monsieur le comte.

LE COMTE.

Diane de Steel !

LE VALET.

Oui, elle est avec son notaire.

LE COMTE.

Mais je n'ai rien à lui dire. (*Diane entrant et écartant le Valet.*)

DIANE.

C'est possible, mais moi j'ai à vous parler.

SCÈNE IV

LES MÊMES, DIANE.

DESNOYERS, *au Comte.*

Tout le mal qui vous arrive aujourd'hui vous vient de cette femme, monsieur le Comte ; ne l'oubliez pas.

LE COMTE.

Soyez tranquille.

MARCEL, *regardant Diane.*

Si seulement ça valait le coup de fusil ! (*Il sort derrière le notaire.*)

SCÈNE V

DIANE, LE COMTE.

LE COMTE.

Vous venez pour insulter à ma ruine, madame ?

DIANE.

Moi, pas du tout, monsieur, je viens pour acheter le château.

LE COMTE.

On n'aura pas besoin de vous le faire voir; vous le connaissez, n'est-ce pas?

DIANE.

Oui, et je voudrais, je vous le jure, ne pas le voir sortir de vos mains.

LE COMTE.

Il faut pourtant qu'il sorte de mes mains pour entrer dans les vôtres.

DIANE.

Maurice, si vous m'aviez aimée autant que vous me le disiez autrefois, vous comprendriez aujourd'hui que cette nécessité n'est point absolue.

LE COMTE.

Je ne vous comprends point, madame.

DIANE.

Si vous aviez vécu plus longtemps avec les femmes de notre condition...

LE COMTE.

Je n'en ai connu qu'une seule, et, comme vous le voyez, cela m'a suffi.

DIANE.

Vous sauriez, Maurice, qu'au milieu de nos folles passions et de nos amours éphémères, il y en a toujours une plus sérieuse que les autres, qui, selon la façon dont l'objet de cette passion nous traite, devient le point noir ou lumineux de notre vie. Cet amour réel, c'est notre punition ou notre récompense, plus souvent notre punition que notre récompense. Cet homme qui nous l'inspire, en quelque lieu qu'il nous rencontre, sous quelque domination que nous soyons, tout notre être s'élance vers lui, quand on prononce son nom devant nous, toutes les fibres de notre cœur résonnent et gémissent. Heureuse celle qui, à l'apogée de son amour, dans tout l'éclat de sa jeunesse et de sa beauté, l'a vu descendre au tombeau. Celle-là n'a point la honte de se sentir oubliée par lui, la torture de le voir passer avec une autre femme au bras, la douleur de le voir assis près d'une nouvelle maîtresse ou cavalcadant à ses côtés.

LE COMTE.

Où voulez-vous en venir, madame ?

DIANE.

Je voulais en venir, Maurice, à vous dire que vous êtes et que vous serez toujours pour moi cet homme, qui, maître de mon cœur, n'a jamais perdu son empire sur lui.

LE COMTE.

Cet aveu me flatte, mais je cherche vainement dans quel but il est fait.

DIANE.

Dites que vous ne voulez pas me comprendre, Maurice.

LE COMTE.

Non, je vous jure.

DIANE.

Vous êtes ruiné, je suis riche... Eh bien ! il ne tient qu'à vous que ma fortune soit la vôtre.

LE COMTE.

Voudriez-vous me faire votre héritier, par hasard ?

DIANE.

Non je veux faire de vous mon mari.

LE COMTE.

Oh ! vous disiez vrai tout à l'heure, vous m'aimez ; non-seulement moi, mais tout ce qui est à moi, comme tout ce qui vient de moi. J'admire même votre persistance dans cet amour ; vous avez aimé ma fortune, vous l'avez eue, puis mon château vous allez l'avoir. Maintenant, il ne me reste plus que mon nom et mon honneur, vous voulez, non plus que je vous les donne, mais que je vous les vende...

Serviteur, belle dame, l'un et l'autre ne m'appartiennent
pas. Le nom et l'honneur se prêtent par les pères à leurs
fils, ces derniers doivent les transmettre purs à leurs enfants, et quand ils n'ont point d'enfants, les emporter avec
eux au tombeau. Je n'aurai jamais d'enfant, car je ne me
marierai jamais, madame, mais le tombeau est un créan-
cier aussi exigeant que la famille, mon nom, mon honneur
y descendront purs. (*Tirant un étui à cigarettes de sa poche.*)
Fumez-vous toujours, madame? Voici d'excellentes cigarettes russes de Iackoff. — Non. — (*Il sonne; — un Valet
entre.*) Si l'on a absolument besoin de moi, je suis dans le
fumoir. (*Il sort.*)

SCÈNE VI

DIANE, *seule.*

Ou je ne connais pas le comte, où demain il sera mort.

SCÈNE VII

DIANE, TOURNEL.

TOURNEL.

Eh bien! signora Diana, où en êtes-vous avec le comte?

DIANE.

Eh bien! milord Tournel, où en êtes-vous avec Valentine?

TOURNEL.

Quand j'aurai à lui offrir le château qui a eu, pendant
quelque temps, l'honneur de vous avoir pour locataire,
j'espère qu'elle se laissera attendrir.

DIANE.

Comptez là-dessus... Vous savez que j'en veux du château.

TOURNEL.

Alors, vous le payerez, je vous en préviens.

DIANE.

Quelle est la mise à prix?

TOURNEL.

Cinq cent mille francs.

DIANE.

J'y mettrai jusqu'à huit cent mille francs.

TOURNEL.

Moi, jusqu'à un million.

SCÈNE VIII

Les Mêmes, VALENTINE, COQUELIN, notaire.

VALENTINE, en cocodès, lorgnon à l'œil.

Et moi jusqu'à deux millions!

TOURNEL.

Oh! mon petit monsieur, comme vous y allez!

VALENTINE, sans-répondre à Tournel qu'elle évite de regarder
en face.

Vous entendez, monsieur Coquelin.

COQUELIN.

Oui, monsieur le marquis.

TOURNEL.

Diable, un marquis!

DIANE.

Il est gentil.

TOURNEL.

En chasse alors... (Il va vers la galerie, regardant.) Personne encore... Sont-ils longs à arriver! (Valentine tourne
le dos à Tournel, et, tout en ayant l'air de regarder les tableaux qui sont dans le cabinet, elle parle bas à Coquelin.)

4

DIANE, *la regardant.*

Deux millions !... Il doit être très-riche ce petit marquis.

COQUELIN, *à demi-voix à Valentine.*

C'est compris... *(Allant à Tournel.)* Votre impatience, je le crains, n'aura, monsieur, aucun heureux résultat pour vous.

TOURNEL.

Les bravades ne m'intimident pas. *(Le notaire sort en le saluant.)* Veillons au grain. *(Il sort après Coquelin.)*

SCÈNE IX

DIANE, VALENTINE, *puis* TOURNEL et COQUELIN.

(Le Marquis se trouve en face de Diane qu'il salue galamment. Diane lui rend son salut.)

VALENTINE.

Sachons qui est cette dame.

DIANE.

Usons d'adresse pour empêcher le marquis d'être acquéreur du château.

VALENTINE.

Ces tableaux sont des meilleurs maîtres.

DIANE.

Le comte de Choisy est un amateur distingué.

VALENTINE, *se rapprochant de Diane.*

Vous connaissez le Comte, madame ?

DIANE.

Intimement.

VALENTINE.

Ah !

DIANE, *coquettement.*

Marquis, je n'appartiens pourtant pas au château.

VALENTINE, *galamment.*

C'est dommage. Au milieu des chefs-d'œuvre qu'il renferme, vous seriez, madame, à votre place. (*A part.*) Elle est peinte avec un art qui ferait honneur à la collection.

DIANE, *à part.*

Raille-t-il ou s'enflamme-t-il?

VALENTINE.

Tout chef-d'œuvre se signe.

DIANE.

Me nommer après de pareilles louanges serait de la fatuité.

VALENTINE.

Vous êtes assez belle, madame, pour vous permettre toutes les fatuités.

DIANE.

Il mord à l'hameçon; profitons-en pour avoir le château. (*Haut.*) Est-ce pour abriter un bonheur ou par fantaisie de millionnaire que monsieur le marquis désire le château?

VALENTINE.

Mon désir est plus prosaïque que cela : j'avais de l'argent à placer, mon notaire a eu connaissance de cette vente, et me voilà pour devenir propriétaire de ce château, qui me plaît.

DIANE, *à part.*

Comment le séduire? (*Haut.*) Êtes-vous, marquis... sentimental... romanesque?

VALENTINE.

Si sentir battre son cœur à la vue de la beauté et de la grâce est être sentimental, je le suis, madame, depuis que je me trouve auprès de vous.

DIANE.

Il est inattaquable.

VALENTINE, *continuant son inspection autour du salon.*

Charmant!... adorable!...

DIANE, *allant vers Valentine.*

Il est étrange, marquis, que nous ne nous soyons jamais rencontrés dans le monde.

VALENTINE.

Paris renferme plusieurs mondes : j'aime peu à voyager dans la société, il n'est rien d'étonnant que le hasard ne m'ait pas poussé vers les côntrées où, sans nul doute, vous régnez. (*Elle continue son inspection.*)

DIANE.

Ce marquis commence à m'agacer.

VALENTINE.

Ah! mon Dieu!

DIANE.

Qu'y a-t-il?

VALENTINE.

Dans cette vitrine, quelle jolie couronne!

DIANE.

Je la connais.

VALENTINE, *venant vivement vers Diane.*

C'est sans doute un souvenir précieux à monsieur de Choisy?

DIANE.

Peut-être.

VALENTINE.

Qui sait s'il n'y a pas quelque légende d'amour sur cette couronne?

DIANE.

Dites plutôt une légende de haine.

VALENTINE, *se reculant de Diane.*

De haine?

DIANE.

N'achetez pas le château, marquis, et je vous raconterai cette sombre histoire.

VALENTINE, *émue.*

Où est le comte?

DIANE.

Cette émotion... cette pâleur... qui donc êtes-vous ?

LE VALET, *entrant.*

Signora Diane de Steel, votre notaire demande à vous parler. (*Diane va vers la porte de la galerie et dit quelques mots à son Notaire.*)

VALENTINE.

La maîtresse du comte ! fuyons-la ! (*Elle sort précipitamment.*)

DIANE, *se retournant.*

Le marquis est parti ; courons le rejoindre. Il faut, pour me venger, que le château soit à moi. (*Se tournant vers le fumoir.*) Vous m'avez chassée de chez vous, comte de Choisy ; à mon tour de vous chasser de chez Diane de Steel. (*Elle sort.*)

TOURNEL, *entrant.*

Voilà le commissaire qui entre. (*Se tournant.*) Plus de madame Diane, plus de marquis. Quelle bonne chance, si la vente pouvait se faire pendant leur absence.

COQUELIN, *entrant par la porte opposée.*

Monsieur Tournel, attendez-moi ; vous savez que je suis chargé de pousser jusqu'à deux millions.

TOURNEL.

Au diable le notaire ! (*Ils entrent tous deux dans la galerie.*)

SCÈNE X

UN VALET, LE COMTE.

LE VALET, *frappant à la porte du Comte.*

Monsieur le comte ! monsieur le comte !

LE COMTE, *sortant, une boîte de pistolets en main.*

Eh bien?

4.

LE VALET.

Vous m'avez ordonné de vous prévenir quand l'autorité judiciaire arriverait.

LE COMTE.

Oui.

LE VALET.

Le commissaire est là.

LE COMTE.

Merci ; maintenant laisse-moi.

LE VALET.

Monsieur le comte ?

LE COMTE.

Que me veux-tu ?

LE VALET.

Monsieur le comte m'excusera.

LE COMTE.

Oui, mais dis vite.

LE VALET.

Marcel m'a dit que monsieur le comte avait refusé ses services, sous prétexte qu'étant ruiné, il n'avait plus besoin d'un garde-chasse, mais il aura toujours besoin d'un valet de chambre.

LE COMTE.

Hélas ! non, mon brave Comtois, pas plus de l'un que de l'autre.

LE VALET.

Et quand part monsieur ?

LE COMTE.

Aussitôt l'adjudication ; je veux connaître l'acquéreur de mon château, et puis...

LE VALET.

Et puis...

LE COMTE.

Adieu !

LE VALET.

Monsieur le comte me permettra au moins de rester auprès de lui jusqu'au moment de son départ.

LE COMTE.

Non, mon bon Comtois, j'ai besoin d'être seul.

LE VALET, *à part.*

Monsieur Desnoyers avait eu raison de me dire de ne point le quitter.

LE COMTE.

Tu as entendu, Comtois ?

LE VALET.

Oui, monsieur ; mais qui vous rendra compte de la manière dont marchera l'adjudication.

LE COMTE.

Ouvre la porte de la galerie, j'entendrai bien crier.

LE VALET.

Oui, monsieur le comte (*Il emporte la boîte aux pistolets.*)

LE COMTE.

Eh bien ! que fais-tu là ?

LE VALET.

Moi ! rien...

LE COMTE.

Donne-moi cette boîte ?

LE VALET, *voulant la retenir.*

Il me semblait...

LE COMTE *prend la boîte.*

Mes pistolets et cette couronne (*il prend la couronne et la pose sur la table, ainsi que la boîte à pistolets*) sont les seules choses du château qui ne soient pas à vendre. Laisse-moi.

LE VALET.

Monsieur le comte ?

LE COMTE.

Je le veux. (*Le Valet s'incline et sort à reculons.*)

SCÈNE XI

LE COMTE, *seul.*

(Il s'assied devant la table, prend la couronne et l'embrasse,
puis, retrouvant Rolla ouvert, il lit :)

« Vous qui volez là-bas, légères hirondelles,
» Dites-moi, dites-moi pourquoi je vais mourir?
» Oh! l'affreux suicide! Oh! si j'avais des ailes,
» Par ce beau ciel si pur je voudrais les ouvrir!
» Dites-moi, terre et cieux, qu'est-ce donc que l'aurore?
» Qu'importe un jour de plus à ce vieil univers?
» Dites-moi, verts gazons, dites-moi, sombres mers,
» Quand des feux du matin l'horizon se colore,
— » Si vous n'éprouvez rien? qu'avez-vous donc en vous
» Qui fait bondir le cœur et fléchir les genoux?
» O terre! à ton soleil qui.t'a donc fiancée?
» Que chantent tes oiseaux? que pleure ta rosée?
» Pourquoi de tes amours viens-tu m'entretenir?
» Que me voulez-vous tous à moi qui vais mourir? »

LE COMMISSAIRE, *dans la galerie.*

Silence! la bougie est allumée. A cinq cent mille francs
le château et la terre de Choisy!

VOIX DE COQUELIN.

Cent mille francs !

VOIX DE TOURNEL.

Vingt-cinq mille francs!

VOIX DE DIANE.

Cinquante mille francs!

VOIX DE COQUELIN.

Cent mille francs !

VOIX DE TOURNEL.

Cinquante mille francs!

VOIX DE DIANE.

Cinquante mille francs!

VOIX DE COQUELIN.

Cent mille francs!

VOIX DE TOURNEL.

Vingt-cinq mille francs!

VOIX DE COQUELIN.

Vous abandonnez, madame!

VOIX DE DIANE.

Ma foi, oui, je comptais pousser jusqu'à huit cent mille francs.

VOIX DE COQUELIN.

Eh bien! moi je poursuis : Cent mille francs.

VOIX DU COMMISSAIRE.

Un million cent mille francs la terre et le château de Choisy! un million cent mille francs... C'est bien entendu... Faites attention, messieurs... la bougie va s'éteindre sur cette enchère de un million cent mille francs... Vingt-cinq mille francs, messieurs, pour vingt-cinq mille francs le château et la terre de Choisy, la bougie s'éteint, messieurs, la bougie s'éteint... elle est éteinte.

LE COMTE.

Ah!

LE COMMISSAIRE.

Adjugé pour la somme de onze cent mille francs.

LE COMTE, se *levant*.

Dieu soit loué! mes dettes seront payées et mon testament accompli.

TOUTES LES VOIX.

Adjugé à qui? Adjugé à qui?

LE COMTE.

Encore ce dernier mot.

LE COMMISSAIRE.

Adjugé à monsieur le comte de Choisy.

TOUS.

Ah!

LE COMTE.

Adjugé à moi? Ai-je mal entendu... ou sont-ils fous? (*Pendant toute la scène dont l'effet est dans la mimique du Comte, il a ouvert la boîte aux pistolets, en a tiré un de la boîte, sa figure s'est décomposée; plusieurs fois il a essuyé son visage couvert de sueur; enfin il a approché le pistolet de sa tempe; mais au moment de lâcher le coup, il a entendu son nom et a laissé tomber l'arme.*)

SCÈNE XII

LE NOTAIRE, LES DEUX GARDES, LE VALET, LES ACQUÉREURS, TOURNEL, DIANE, LE COMTE.

LE VALET.

Ah! mon maître! mon cher maître, nous resterons donc près de vous.

LE COMTE.

Vous êtes fous! vous êtes insensés! Comment puis-je racheter mon château, puisqu'on le vend pour payer mes dettes. (*Desnoyers entre.*) Monsieur Desnoyers, vous qui êtes un homme raisonnable, répondez-moi, que se passe-t-il?

DESNOYERS.

Je n'ai rien à vous dire, sinon qu'on vient de me remettre de votre part un bon de cinq cent mille francs sur monsieur de Rostchild, accepté par lui, et six cent mille francs en billets de banque. J'ai payé le commissaire, et le château et les terres sont à vous.

LE COMTE.

C'est impossible!

DESNOYERS.

C'est comme cela cependant.

LE COMTE.

Je n'admets pas le romanesque dans les affaires d'argent, entendez-vous, monsieur Desnoyers.

DESNOYERS.

Il faut cependant admettre ce qui est.

LE COMTE.

Eh bien! alors, je serai plus précis; je ne reconnais à personne le droit de payer mes dettes.

SCÈNE XIII

LES MÊMES, VALENTINE.

VALENTINE, *entrant par la porte du fond.*

Pas même à moi?

LE COMTE.

Valentine ici!

TOURNEL.

Ma farouche fleuriste!

LE COMTE.

Pas même à vous, Valentine; je n'emprunte et n'accepte
rien d'une femme.

VALENTINE.

Qui vous parle d'emprunt et de prêt, monsieur le comte;
les onze cent mille francs qui ont payé votre château sont
à vous, bien à vous.

LE COMTE.

Je ne comprends pas.

VALENTINE.

Depuis cinq ans j'ai gagné dans mes spéculations com-
merciales un million; j'ai vendu mon établissement un
autre million. Il nous revient un million chacun.

LE COMTE.

Ce million?...

VALENTINE.

Est votre part de bénéfice. N'étiez-vous pas mon associé?
Si vous ne voulez pas me devoir les cent mille francs que je
vous prête, empruntez-les à un autre.

TOURNEL, *au Comte.*

Je vous les prêterai, moi, du moment qu'il y a une
garantie.

LE COMTE, *à Valentine.*

Eh bien! j'accepte; mais à une condition.

VALENTINE, *émue.*

Cette condition?

LE COMTE.

C'est que vous m'aiderez à en faire les honneurs, madame la comtesse de Choisy.

VALENTINE.

Ce bonheur...

LE COMTE.

Est votre ouvrage, ma chère Valentine! (*Il la conduit devant la table et lui donne la couronne.*)

MARCEL, *à Tournel.*

Monsieur Tournel, le reconnaissez-vous?

TOURNEL.

Non!

MARCEL.

C'est le petit braconnier que nous avons pris et amené ici à l'ouverture de la chasse, il y a six ans.

TOURNEL.

Eh bien! il peut se vanter de n'avoir pas fait buisson creux.

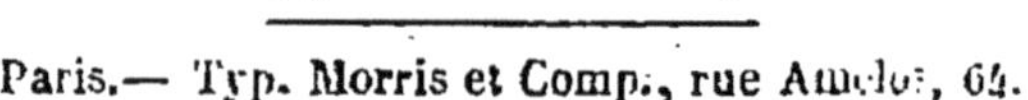

Paris.— Typ. Morris et Comp., rue Amelot, 64.